中华人民共和国民法典侵权责任编
最高人民法院关于适用《中华人民共和国民法典》侵权责任编的解释（一）

（含典型案例）

中国法制出版社

目　　录

中华人民共和国民法典（节录）

（2020年5月28日第十三届全国人民代表大会第三次会议通过　2020年5月28日中华人民共和国主席令第45号公布　自2021年1月1日起施行）

第七编　侵权责任

第一章　一般规定

第一千一百六十四条　【侵权责任编的调整范围】[*] 本编调整因侵害民事权益产生的民事关系。

第一千一百六十五条　【过错责任原则与过错推定责任】 行为人因过错侵害他人民事权益造成损害的，应当承担侵权责任。

依照法律规定推定行为人有过错，其不能证明自己没有过错的，应当承担侵权责任。

第一千一百六十六条　【无过错责任】 行为人造成他人

---

[*] 条文主旨为编者所加，仅供读者参考检索，下同。

民事权益损害，不论行为人有无过错，法律规定应当承担侵权责任的，依照其规定。

第一千一百六十七条　【危及他人人身、财产安全的责任承担方式】侵权行为危及他人人身、财产安全的，被侵权人有权请求侵权人承担停止侵害、排除妨碍、消除危险等侵权责任。

第一千一百六十八条　【共同侵权】二人以上共同实施侵权行为，造成他人损害的，应当承担连带责任。

第一千一百六十九条　【教唆侵权、帮助侵权】教唆、帮助他人实施侵权行为的，应当与行为人承担连带责任。

教唆、帮助无民事行为能力人、限制民事行为能力人实施侵权行为的，应当承担侵权责任；该无民事行为能力人、限制民事行为能力人的监护人未尽到监护职责的，应当承担相应的责任。

第一千一百七十条　【共同危险行为】二人以上实施危及他人人身、财产安全的行为，其中一人或者数人的行为造成他人损害，能够确定具体侵权人的，由侵权人承担责任；不能确定具体侵权人的，行为人承担连带责任。

第一千一百七十一条　【分别侵权的连带责任】二人以上分别实施侵权行为造成同一损害，每个人的侵权行为都足以造成全部损害的，行为人承担连带责任。

第一千一百七十二条　【分别侵权的按份责任】二人以上分别实施侵权行为造成同一损害，能够确定责任大小的，各自承担相应的责任；难以确定责任大小的，平均承担责任。

第一千一百七十三条　【与有过错】被侵权人对同一损害的发生或者扩大有过错的，可以减轻侵权人的责任。

第一千一百七十四条　【受害人故意】损害是因受害人故意造成的，行为人不承担责任。

第一千一百七十五条　【第三人过错】损害是因第三人造成的，第三人应当承担侵权责任。

第一千一百七十六条　【自甘风险】自愿参加具有一定风险的文体活动，因其他参加者的行为受到损害的，受害人不得请求其他参加者承担侵权责任；但是，其他参加者对损害的发生有故意或者重大过失的除外。

活动组织者的责任适用本法第一千一百九十八条至第一千二百零一条的规定。

第一千一百七十七条　【自力救济】合法权益受到侵害，情况紧迫且不能及时获得国家机关保护，不立即采取措施将使其合法权益受到难以弥补的损害的，受害人可以在保护自己合法权益的必要范围内采取扣留侵权人的财物等合理措施；但是，应当立即请求有关国家机关处理。

受害人采取的措施不当造成他人损害的，应当承担侵权责任。

第一千一百七十八条　【特别规定优先适用】本法和其他法律对不承担责任或者减轻责任的情形另有规定的，依照其规定。

第二章 损害赔偿

第一千一百七十九条 【人身损害赔偿范围】侵害他人造成人身损害的，应当赔偿医疗费、护理费、交通费、营养费、住院伙食补助费等为治疗和康复支出的合理费用，以及因误工减少的收入。造成残疾的，还应当赔偿辅助器具费和残疾赔偿金；造成死亡的，还应当赔偿丧葬费和死亡赔偿金。

第一千一百八十条 【以相同数额确定死亡赔偿金】因同一侵权行为造成多人死亡的，可以以相同数额确定死亡赔偿金。

第一千一百八十一条 【被侵权人死亡时请求权主体的确定】被侵权人死亡的，其近亲属有权请求侵权人承担侵权责任。被侵权人为组织，该组织分立、合并的，承继权利的组织有权请求侵权人承担侵权责任。

被侵权人死亡的，支付被侵权人医疗费、丧葬费等合理费用的人有权请求侵权人赔偿费用，但是侵权人已经支付该费用的除外。

第一千一百八十二条 【侵害他人人身权益造成财产损失的赔偿计算方式】侵害他人人身权益造成财产损失的，按照被侵权人因此受到的损失或者侵权人因此获得的利益赔偿；被侵权人因此受到的损失以及侵权人因此获得的利益难以确定，被侵权人和侵权人就赔偿数额协商不一致，向人民法院提起诉讼的，由人民法院根据实际情况确定赔偿数额。

第一千一百八十三条　【精神损害赔偿】侵害自然人人身权益造成严重精神损害的，被侵权人有权请求精神损害赔偿。

因故意或者重大过失侵害自然人具有人身意义的特定物造成严重精神损害的，被侵权人有权请求精神损害赔偿。

第一千一百八十四条　【财产损失的计算】侵害他人财产的，财产损失按照损失发生时的市场价格或者其他合理方式计算。

第一千一百八十五条　【故意侵害知识产权的惩罚性赔偿责任】故意侵害他人知识产权，情节严重的，被侵权人有权请求相应的惩罚性赔偿。

第一千一百八十六条　【公平分担损失】受害人和行为人对损害的发生都没有过错的，依照法律的规定由双方分担损失。

第一千一百八十七条　【赔偿费用的支付方式】损害发生后，当事人可以协商赔偿费用的支付方式。协商不一致的，赔偿费用应当一次性支付；一次性支付确有困难的，可以分期支付，但是被侵权人有权请求提供相应的担保。

第三章　责任主体的特殊规定

第一千一百八十八条　【监护人责任】无民事行为能力

人、限制民事行为能力人造成他人损害的，由监护人承担侵权责任。监护人尽到监护职责的，可以减轻其侵权责任。

有财产的无民事行为能力人、限制民事行为能力人造成他人损害的，从本人财产中支付赔偿费用；不足部分，由监护人赔偿。

第一千一百八十九条　【委托监护时监护人的责任】无民事行为能力人、限制民事行为能力人造成他人损害，监护人将监护职责委托给他人的，监护人应当承担侵权责任；受托人有过错的，承担相应的责任。

第一千一百九十条　【暂时丧失意识后的侵权责任】完全民事行为能力人对自己的行为暂时没有意识或者失去控制造成他人损害有过错的，应当承担侵权责任；没有过错的，根据行为人的经济状况对受害人适当补偿。

完全民事行为能力人因醉酒、滥用麻醉药品或者精神药品对自己的行为暂时没有意识或者失去控制造成他人损害的，应当承担侵权责任。

第一千一百九十一条　【用人单位责任和劳务派遣单位、劳务用工单位责任】用人单位的工作人员因执行工作任务造成他人损害的，由用人单位承担侵权责任。用人单位承担侵权责任后，可以向有故意或者重大过失的工作人员追偿。

劳务派遣期间，被派遣的工作人员因执行工作任务造成他人损害的，由接受劳务派遣的用工单位承担侵权责任；劳务派遣单位有过错的，承担相应的责任。

第一千一百九十二条　【个人劳务关系中的侵权责任】个人之间形成劳务关系，提供劳务一方因劳务造成他人损害的，由接受劳务一方承担侵权责任。接受劳务一方承担侵权责任后，可以向有故意或者重大过失的提供劳务一方追偿。提供劳务一方因劳务受到损害的，根据双方各自的过错承担相应的责任。

提供劳务期间，因第三人的行为造成提供劳务一方损害的，提供劳务一方有权请求第三人承担侵权责任，也有权请求接受劳务一方给予补偿。接受劳务一方补偿后，可以向第三人追偿。

第一千一百九十三条　【承揽关系中的侵权责任】承揽人在完成工作过程中造成第三人损害或者自己损害的，定作人不承担侵权责任。但是，定作人对定作、指示或者选任有过错的，应当承担相应的责任。

第一千一百九十四条　【网络侵权责任】网络用户、网络服务提供者利用网络侵害他人民事权益的，应当承担侵权责任。法律另有规定的，依照其规定。

第一千一百九十五条　【"通知与取下"制度】网络用户利用网络服务实施侵权行为的，权利人有权通知网络服务提供者采取删除、屏蔽、断开链接等必要措施。通知应当包括构成侵权的初步证据及权利人的真实身份信息。

网络服务提供者接到通知后，应当及时将该通知转送相关网络用户，并根据构成侵权的初步证据和服务类型采取必要措施；未及时采取必要措施的，对损害的扩大部分与该网络用户承担连带责任。

权利人因错误通知造成网络用户或者网络服务提供者损害的，应当承担侵权责任。法律另有规定的，依照其规定。

第一千一百九十六条　【“反通知”制度】网络用户接到转送的通知后，可以向网络服务提供者提交不存在侵权行为的声明。声明应当包括不存在侵权行为的初步证据及网络用户的真实身份信息。

网络服务提供者接到声明后，应当将该声明转送发出通知的权利人，并告知其可以向有关部门投诉或者向人民法院提起诉讼。网络服务提供者在转送声明到达权利人后的合理期限内，未收到权利人已经投诉或者提起诉讼通知的，应当及时终止所采取的措施。

第一千一百九十七条　【网络服务提供者与网络用户的连带责任】网络服务提供者知道或者应当知道网络用户利用其网络服务侵害他人民事权益，未采取必要措施的，与该网络用户承担连带责任。

第一千一百九十八条　【违反安全保障义务的侵权责任】宾馆、商场、银行、车站、机场、体育场馆、娱乐场所等经营场所、公共场所的经营者、管理者或者群众性活动的组织者，未尽到安全保障义务，造成他人损害的，应当承担侵权责任。

因第三人的行为造成他人损害的，由第三人承担侵权责任；经营者、管理者或者组织者未尽到安全保障义务的，承担相应的补充责任。经营者、管理者或者组织者承担补充责任后，可以向第三人追偿。

第一千一百九十九条　【教育机构对无民事行为能力人受到人身损害的过错推定责任】无民事行为能力人在幼儿园、学校或者其他教育机构学习、生活期间受到人身损害的，幼儿园、学校或者其他教育机构应当承担侵权责任；但是，能够证明尽到教育、管理职责的，不承担侵权责任。

第一千二百条　【教育机构对限制民事行为能力人受到人身损害的过错责任】限制民事行为能力人在学校或者其他教育机构学习、生活期间受到人身损害，学校或者其他教育机构未尽到教育、管理职责的，应当承担侵权责任。

第一千二百零一条　【受到校外人员人身损害时的责任分担】无民事行为能力人或者限制民事行为能力人在幼儿园、学校或者其他教育机构学习、生活期间，受到幼儿园、学校或者其他教育机构以外的第三人人身损害的，由第三人承担侵权责任；幼儿园、学校或者其他教育机构未尽到管理职责的，承担相应的补充责任。幼儿园、学校或者其他教育机构承担补充责任后，可以向第三人追偿。

第四章　产 品 责 任

第一千二百零二条　【产品生产者侵权责任】因产品存

在缺陷造成他人损害的，生产者应当承担侵权责任。

第一千二百零三条　【被侵权人请求损害赔偿的途径和先行赔偿人追偿权】因产品存在缺陷造成他人损害的，被侵权人可以向产品的生产者请求赔偿，也可以向产品的销售者请求赔偿。

产品缺陷由生产者造成的，销售者赔偿后，有权向生产者追偿。因销售者的过错使产品存在缺陷的，生产者赔偿后，有权向销售者追偿。

第一千二百零四条　【生产者、销售者的第三人追偿权】因运输者、仓储者等第三人的过错使产品存在缺陷，造成他人损害的，产品的生产者、销售者赔偿后，有权向第三人追偿。

第一千二百零五条　【产品缺陷危及他人人身、财产安全的侵权责任】因产品缺陷危及他人人身、财产安全的，被侵权人有权请求生产者、销售者承担停止侵害、排除妨碍、消除危险等侵权责任。

第一千二百零六条　【生产者、销售者的补救措施及费用承担】产品投入流通后发现存在缺陷的，生产者、销售者应当及时采取停止销售、警示、召回等补救措施；未及时采取补救措施或者补救措施不力造成损害扩大的，对扩大的损害也应当承担侵权责任。

依据前款规定采取召回措施的，生产者、销售者应当负担被侵权人因此支出的必要费用。

第一千二百零七条　【产品责任中的惩罚性赔偿】明知产品存在缺陷仍然生产、销售，或者没有依据前条规定采取有效补救措施，造成他人死亡或者健康严重损害的，被侵权人有权请求相应的惩罚性赔偿。

第五章　机动车交通事故责任

第一千二百零八条　【机动车交通事故责任的法律适用】机动车发生交通事故造成损害的，依照道路交通安全法律和本法的有关规定承担赔偿责任。

第一千二百零九条　【租赁、借用机动车交通事故责任】因租赁、借用等情形机动车所有人、管理人与使用人不是同一人时，发生交通事故造成损害，属于该机动车一方责任的，由机动车使用人承担赔偿责任；机动车所有人、管理人对损害的发生有过错的，承担相应的赔偿责任。

第一千二百一十条　【转让并交付但未办理登记的机动车侵权责任】当事人之间已经以买卖或者其他方式转让并交付机动车但是未办理登记，发生交通事故造成损害，属于该机动车一方责任的，由受让人承担赔偿责任。

第一千二百一十一条　【挂靠机动车交通事故责任】以挂靠形式从事道路运输经营活动的机动车，发生交通事故造成损害，属于该机动车一方责任的，由挂靠人和被挂靠人承担连带责任。

第一千二百一十二条　【擅自驾驶他人机动车交通事故责任】未经允许驾驶他人机动车，发生交通事故造成损害，属于该机动车一方责任的，由机动车使用人承担赔偿责任；机动车所有人、管理人对损害的发生有过错的，承担相应的赔偿责任，但是本章另有规定的除外。

第一千二百一十三条　【交通事故侵权救济来源的支付顺序】机动车发生交通事故造成损害，属于该机动车一方责任的，先由承保机动车强制保险的保险人在强制保险责任限额范围内予以赔偿；不足部分，由承保机动车商业保险的保险人按照保险合同的约定予以赔偿；仍然不足或者没有投保机动车商业保险的，由侵权人赔偿。

第一千二百一十四条　【拼装车、报废车交通事故责任】以买卖或者其他方式转让拼装或者已经达到报废标准的机动车，发生交通事故造成损害的，由转让人和受让人承担连带责任。

第一千二百一十五条　【盗抢机动车交通事故责任】盗窃、抢劫或者抢夺的机动车发生交通事故造成损害的，由盗窃人、抢劫人或者抢夺人承担赔偿责任。盗窃人、抢劫人或者抢夺人与机动车使用人不是同一人，发生交通事故造成损害，属于该机动车一方责任的，由盗窃人、抢劫人或者抢夺人与机动车使用人承担连带责任。

保险人在机动车强制保险责任限额范围内垫付抢救费用的，有权向交通事故责任人追偿。

第一千二百一十六条　【驾驶人逃逸责任承担规则】机动车驾驶人发生交通事故后逃逸，该机动车参加强制保险的，由保险人在机动车强制保险责任限额范围内予以赔偿；机动车不明、该机动车未参加强制保险或者抢救费用超过机动车强制保险责任限额，需要支付被侵权人人身伤亡的抢救、丧葬等费用的，由道路交通事故社会救助基金垫付。道路交通事故社会救助基金垫付后，其管理机构有权向交通事故责任人追偿。

第一千二百一十七条　【好意同乘规则】非营运机动车发生交通事故造成无偿搭乘人损害，属于该机动车一方责任的，应当减轻其赔偿责任，但是机动车使用人有故意或者重大过失的除外。

第六章　医疗损害责任

第一千二百一十八条　【医疗损害责任归责原则】患者在诊疗活动中受到损害，医疗机构或者其医务人员有过错的，由医疗机构承担赔偿责任。

第一千二百一十九条　【医疗机构说明义务与患者知情同意权】医务人员在诊疗活动中应当向患者说明病情和医疗措施。需要实施手术、特殊检查、特殊治疗的，医务人员应当及时向患者具体说明医疗风险、替代医疗方案等情况，并取得其明确同意；不能或者不宜向患者说明的，应当向患者的近亲属说明，并取得其明确同意。

医务人员未尽到前款义务，造成患者损害的，医疗机构应当承担赔偿责任。

第一千二百二十条　【紧急情况下实施的医疗措施】因抢救生命垂危的患者等紧急情况，不能取得患者或者其近亲属意见的，经医疗机构负责人或者授权的负责人批准，可以立即实施相应的医疗措施。

第一千二百二十一条　【医务人员过错的医疗机构赔偿责任】医务人员在诊疗活动中未尽到与当时的医疗水平相应的诊疗义务，造成患者损害的，医疗机构应当承担赔偿责任。

第一千二百二十二条　【医疗机构过错推定的情形】患者在诊疗活动中受到损害，有下列情形之一的，推定医疗机构有过错：

（一）违反法律、行政法规、规章以及其他有关诊疗规范的规定；

（二）隐匿或者拒绝提供与纠纷有关的病历资料；

（三）遗失、伪造、篡改或者违法销毁病历资料。

第一千二百二十三条　【因药品、消毒产品、医疗器械的缺陷或输入不合格的血液的侵权责任】因药品、消毒产品、医疗器械的缺陷，或者输入不合格的血液造成患者损害的，患者可以向药品上市许可持有人、生产者、血液提供机构请求赔偿，也可以向医疗机构请求赔偿。患者向医疗机构请求赔偿的，医疗机构赔偿后，有权向负有责任的药品上市许可持有人、生产者、血液提供机构追偿。

第一千二百二十四条　【医疗机构免责事由】患者在诊疗活动中受到损害，有下列情形之一的，医疗机构不承担赔偿责任：

（一）患者或者其近亲属不配合医疗机构进行符合诊疗规范的诊疗；

（二）医务人员在抢救生命垂危的患者等紧急情况下已经尽到合理诊疗义务；

（三）限于当时的医疗水平难以诊疗。

前款第一项情形中，医疗机构或者其医务人员也有过错的，应当承担相应的赔偿责任。

第一千二百二十五条　【医疗机构对病历的义务及患者对病历的权利】医疗机构及其医务人员应当按照规定填写并妥善保管住院志、医嘱单、检验报告、手术及麻醉记录、病理资料、护理记录等病历资料。

患者要求查阅、复制前款规定的病历资料的，医疗机构应当及时提供。

第一千二百二十六条　【患者隐私和个人信息保护】医疗机构及其医务人员应当对患者的隐私和个人信息保密。泄露患者的隐私和个人信息，或者未经患者同意公开其病历资料的，应当承担侵权责任。

第一千二百二十七条　【不必要检查禁止义务】医疗机构及其医务人员不得违反诊疗规范实施不必要的检查。

第一千二百二十八条　【医疗机构及医务人员合法权益的维护】医疗机构及其医务人员的合法权益受法律保护。

干扰医疗秩序，妨碍医务人员工作、生活，侵害医务人员合法权益的，应当依法承担法律责任。

第七章　环境污染和生态破坏责任

第一千二百二十九条　【环境污染和生态破坏侵权责任】因污染环境、破坏生态造成他人损害的，侵权人应当承担侵权责任。

第一千二百三十条　【环境污染、生态破坏侵权举证责任】因污染环境、破坏生态发生纠纷，行为人应当就法律规定的不承担责任或者减轻责任的情形及其行为与损害之间不存在因果关系承担举证责任。

第一千二百三十一条　【两个以上侵权人造成损害的责任分担】两个以上侵权人污染环境、破坏生态的，承担责任的大小，根据污染物的种类、浓度、排放量，破坏生态的方式、范围、程度，以及行为对损害后果所起的作用等因素确定。

第一千二百三十二条　【侵权人的惩罚性赔偿】侵权人违反法律规定故意污染环境、破坏生态造成严重后果的，被侵权人有权请求相应的惩罚性赔偿。

第一千二百三十三条　【因第三人过错污染环境、破坏

生态的责任】因第三人的过错污染环境、破坏生态的，被侵权人可以向侵权人请求赔偿，也可以向第三人请求赔偿。侵权人赔偿后，有权向第三人追偿。

第一千二百三十四条　【生态环境损害修复责任】违反国家规定造成生态环境损害，生态环境能够修复的，国家规定的机关或者法律规定的组织有权请求侵权人在合理期限内承担修复责任。侵权人在期限内未修复的，国家规定的机关或者法律规定的组织可以自行或者委托他人进行修复，所需费用由侵权人负担。

第一千二百三十五条　【生态环境损害赔偿的范围】违反国家规定造成生态环境损害的，国家规定的机关或者法律规定的组织有权请求侵权人赔偿下列损失和费用：

（一）生态环境受到损害至修复完成期间服务功能丧失导致的损失；

（二）生态环境功能永久性损害造成的损失；

（三）生态环境损害调查、鉴定评估等费用；

（四）清除污染、修复生态环境费用；

（五）防止损害的发生和扩大所支出的合理费用。

第八章　高度危险责任

第一千二百三十六条　【高度危险责任一般规定】从事高度危险作业造成他人损害的，应当承担侵权责任。

第一千二百三十七条　【民用核设施致害责任】民用核设施或者运入运出核设施的核材料发生核事故造成他人损害的，民用核设施的营运单位应当承担侵权责任；但是，能够证明损害是因战争、武装冲突、暴乱等情形或者受害人故意造成的，不承担责任。

第一千二百三十八条　【民用航空器致害责任】民用航空器造成他人损害的，民用航空器的经营者应当承担侵权责任；但是，能够证明损害是因受害人故意造成的，不承担责任。

第一千二百三十九条　【高度危险物致害责任】占有或者使用易燃、易爆、剧毒、高放射性、强腐蚀性、高致病性等高度危险物造成他人损害的，占有人或者使用人应当承担侵权责任；但是，能够证明损害是因受害人故意或者不可抗力造成的，不承担责任。被侵权人对损害的发生有重大过失的，可以减轻占有人或者使用人的责任。

第一千二百四十条　【高度危险活动致害责任】从事高空、高压、地下挖掘活动或者使用高速轨道运输工具造成他人损害的，经营者应当承担侵权责任；但是，能够证明损害是因受害人故意或者不可抗力造成的，不承担责任。被侵权人对损害的发生有重大过失的，可以减轻经营者的责任。

第一千二百四十一条　【遗失、抛弃高度危险物致害的侵权责任】遗失、抛弃高度危险物造成他人损害的，由所有人承担侵权责任。所有人将高度危险物交由他人管理的，由管理人承担侵权责任；所有人有过错的，与管理人承担连带责任。

第一千二百四十二条　【非法占有高度危险物致害的侵权责任】非法占有高度危险物造成他人损害的，由非法占有人承担侵权责任。所有人、管理人不能证明对防止非法占有尽到高度注意义务的，与非法占有人承担连带责任。

第一千二百四十三条　【未经许可进入高度危险作业区域的致害责任】未经许可进入高度危险活动区域或者高度危险物存放区域受到损害，管理人能够证明已经采取足够安全措施并尽到充分警示义务的，可以减轻或者不承担责任。

第一千二百四十四条　【高度危险责任赔偿限额】承担高度危险责任，法律规定赔偿限额的，依照其规定，但是行为人有故意或者重大过失的除外。

第九章　饲养动物损害责任

第一千二百四十五条　【饲养动物损害责任一般规定】饲养的动物造成他人损害的，动物饲养人或者管理人应当承担侵权责任；但是，能够证明损害是因被侵权人故意或者重大过失造成的，可以不承担或者减轻责任。

第一千二百四十六条　【未对动物采取安全措施损害责任】违反管理规定，未对动物采取安全措施造成他人损害的，动物饲养人或者管理人应当承担侵权责任；但是，能够证明损害是因被侵权人故意造成的，可以减轻责任。

第一千二百四十七条　【禁止饲养的危险动物损害责任】禁止饲养的烈性犬等危险动物造成他人损害的，动物饲养人或者管理人应当承担侵权责任。

第一千二百四十八条　【动物园饲养动物损害责任】动物园的动物造成他人损害的，动物园应当承担侵权责任；但是，能够证明尽到管理职责的，不承担侵权责任。

第一千二百四十九条　【遗弃、逃逸动物损害责任】遗弃、逃逸的动物在遗弃、逃逸期间造成他人损害的，由动物原饲养人或者管理人承担侵权责任。

第一千二百五十条　【因第三人过错致使动物致害责任】因第三人的过错致使动物造成他人损害的，被侵权人可以向动物饲养人或者管理人请求赔偿，也可以向第三人请求赔偿。动物饲养人或者管理人赔偿后，有权向第三人追偿。

第一千二百五十一条　【饲养动物应负的社会责任】饲养动物应当遵守法律法规，尊重社会公德，不得妨碍他人生活。

第十章　建筑物和物件损害责任

第一千二百五十二条　【建筑物、构筑物或者其他设施倒塌、塌陷致害责任】建筑物、构筑物或者其他设施倒塌、塌陷造成他人损害的，由建设单位与施工单位承担连带责任，但是建设单位与施工单位能够证明不存在质量缺陷的除外。建设单位、施工单位赔偿后，有其他责任人的，有权向其他责任人追偿。

因所有人、管理人、使用人或者第三人的原因，建筑物、构筑物或者其他设施倒塌、塌陷造成他人损害的，由所有人、管理人、使用人或者第三人承担侵权责任。

第一千二百五十三条　【建筑物、构筑物或者其他设施及其搁置物、悬挂物脱落、坠落致害责任】建筑物、构筑物或者其他设施及其搁置物、悬挂物发生脱落、坠落造成他人损害，所有人、管理人或者使用人不能证明自己没有过错的，应当承担侵权责任。所有人、管理人或者使用人赔偿后，有其他责任人的，有权向其他责任人追偿。

第一千二百五十四条　【高空抛掷物、坠落物致害责任】禁止从建筑物中抛掷物品。从建筑物中抛掷物品或者从建筑物上坠落的物品造成他人损害的，由侵权人依法承担侵权责任；经调查难以确定具体侵权人的，除能够证明自己不是侵权人的外，由可能加害的建筑物使用人给予补偿。可能加害的建筑物使用人补偿后，有权向侵权人追偿。

物业服务企业等建筑物管理人应当采取必要的安全保障措施防止前款规定情形的发生；未采取必要的安全保障措施的，应当依法承担未履行安全保障义务的侵权责任。

发生本条第一款规定的情形的，公安等机关应当依法及时调查，查清责任人。

第一千二百五十五条　【堆放物致害责任】堆放物倒塌、滚落或者滑落造成他人损害，堆放人不能证明自己没有过错的，应当承担侵权责任。

第一千二百五十六条　【在公共道路上堆放、倾倒、遗撒妨碍通行物品的致害责任】在公共道路上堆放、倾倒、遗撒妨碍通行的物品造成他人损害的，由行为人承担侵权责任。公共道路管理人不能证明已经尽到清理、防护、警示等义务的，应当承担相应的责任。

第一千二百五十七条　【林木致害的责任】因林木折断、倾倒或者果实坠落等造成他人损害，林木的所有人或者管理人不能证明自己没有过错的，应当承担侵权责任。

第一千二百五十八条　【公共场所或道路施工致害责任和窨井等地下设施致害责任】在公共场所或者道路上挖掘、修缮安装地下设施等造成他人损害，施工人不能证明已经设置明显标志和采取安全措施的，应当承担侵权责任。

窨井等地下设施造成他人损害，管理人不能证明尽到管理职责的，应当承担侵权责任。

最高人民法院关于适用《中华人民共和国民法典》侵权责任编的解释（一）

（2023年12月18日最高人民法院审判委员会第1909次会议通过　2024年9月25日最高人民法院公告公布　自2024年9月27日起施行　法释〔2024〕12号）

为正确审理侵权责任纠纷案件，根据《中华人民共和国民法典》、《中华人民共和国民事诉讼法》等法律规定，结合审判实践，制定本解释。

第一条　非法使被监护人脱离监护，监护人请求赔偿为恢复监护状态而支出的合理费用等财产损失的，人民法院应予支持。

第二条　非法使被监护人脱离监护，导致父母子女关系或者其他近亲属关系受到严重损害的，应当认定为民法典第一千一百八十三条第一款规定的严重精神损害。

第三条　非法使被监护人脱离监护，被监护人在脱离监护期间死亡，作为近亲属的监护人既请求赔偿人身损害，又请求赔偿监护关系受侵害产生的损失的，人民法院依法予以支持。

第四条 无民事行为能力人、限制民事行为能力人造成他人损害，被侵权人请求监护人承担侵权责任，或者合并请求监护人和受托履行监护职责的人承担侵权责任的，人民法院应当将无民事行为能力人、限制民事行为能力人列为共同被告。

第五条 无民事行为能力人、限制民事行为能力人造成他人损害，被侵权人请求监护人承担侵权人应承担的全部责任的，人民法院应予支持，并在判决中明确，赔偿费用可以先从被监护人财产中支付，不足部分由监护人支付。

监护人抗辩主张承担补充责任，或者被侵权人、监护人主张人民法院判令有财产的无民事行为能力人、限制民事行为能力人承担赔偿责任的，人民法院不予支持。

从被监护人财产中支付赔偿费用的，应当保留被监护人所必需的生活费和完成义务教育所必需的费用。

第六条 行为人在侵权行为发生时不满十八周岁，被诉时已满十八周岁的，被侵权人请求原监护人承担侵权人应承担的全部责任的，人民法院应予支持，并在判决中明确，赔偿费用可以先从被监护人财产中支付，不足部分由监护人支付。

前款规定情形，被侵权人仅起诉行为人的，人民法院应当向原告释明申请追加原监护人为共同被告。

第七条 未成年子女造成他人损害，被侵权人请求父母共同承担侵权责任的，人民法院依照民法典第二十七条第一款①、第一千零六十八条②以及第一千一百八十八条的规定予以支持。

第八条 夫妻离婚后，未成年子女造成他人损害，被侵权人请求离异夫妻共同承担侵权责任的，人民法院依照民法典第一千零六十八条、第一千零八十四条③以及第一千一百八十八条的规定予以支持。一方以未与该子女共同生活为由主张不承担或者少承担责任的，人民法院不予支持。

离异夫妻之间的责任份额，可以由双方协议确定；协议不成的，人民法院可以根据双方履行监护职责的约定和实际履行情况等确定。实际承担责任超过自己责任份额的一方向另一方追偿的，人民法院应予支持。

第九条 未成年子女造成他人损害的，依照民法典第一

---

① 《民法典》第二十七条第一款："父母是未成年子女的监护人。"

② 《民法典》第一千零六十八条："父母有教育、保护未成年子女的权利和义务。未成年子女造成他人损害的，父母应当依法承担民事责任。"

③ 《民法典》第一千零八十四条："父母与子女间的关系，不因父母离婚而消除。离婚后，子女无论由父或者母直接抚养，仍是父母双方的子女。离婚后，父母对于子女仍有抚养、教育、保护的权利和义务。离婚后，不满两周岁的子女，以由母亲直接抚养为原则。已满两周岁的子女，父母双方对抚养问题协议不成的，由人民法院根据双方的具体情况，按照最有利于未成年子女的原则判决。子女已满八周岁的，应当尊重其真实意愿。"

千零七十二条第二款①的规定，未与该子女形成抚养教育关系的继父或者继母不承担监护人的侵权责任，由该子女的生父母依照本解释第八条的规定承担侵权责任。

第十条 无民事行为能力人、限制民事行为能力人造成他人损害，被侵权人合并请求监护人和受托履行监护职责的人承担侵权责任的，依照民法典第一千一百八十九条的规定，监护人承担侵权人应承担的全部责任；受托人在过错范围内与监护人共同承担责任，但责任主体实际支付的赔偿费用总和不应超出被侵权人应受偿的损失数额。

监护人承担责任后向受托人追偿的，人民法院可以参照民法典第九百二十九条②的规定处理。

仅有一般过失的无偿受托人承担责任后向监护人追偿的，人民法院应予支持。

第十一条 教唆、帮助无民事行为能力人、限制民事行为能力人实施侵权行为，教唆人、帮助人以其不知道且不应当知道行为人为无民事行为能力人、限制民事行为能力人为

---

① 《民法典》第一千零七十二条第二款："继父或者继母和受其抚养教育的继子女间的权利义务关系，适用本法关于父母子女关系的规定。"

② 《民法典》第九百二十九条："有偿的委托合同，因受托人的过错造成委托人损失的，委托人可以请求赔偿损失。无偿的委托合同，因受托人的故意或者重大过失造成委托人损失的，委托人可以请求赔偿损失。受托人超越权限造成委托人损失的，应当赔偿损失。"

由，主张不承担侵权责任或者与行为人的监护人承担连带责任的，人民法院不予支持。

第十二条 教唆、帮助无民事行为能力人、限制民事行为能力人实施侵权行为，被侵权人合并请求教唆人、帮助人以及监护人承担侵权责任的，依照民法典第一千一百六十九条第二款的规定，教唆人、帮助人承担侵权人应承担的全部责任；监护人在未尽到监护职责的范围内与教唆人、帮助人共同承担责任，但责任主体实际支付的赔偿费用总和不应超出被侵权人应受偿的损失数额。

监护人先行支付赔偿费用后，就超过自己相应责任的部分向教唆人、帮助人追偿的，人民法院应予支持。

第十三条 教唆、帮助无民事行为能力人、限制民事行为能力人实施侵权行为，被侵权人合并请求教唆人、帮助人与监护人以及受托履行监护职责的人承担侵权责任的，依照本解释第十条、第十二条的规定认定民事责任。

第十四条 无民事行为能力人或者限制民事行为能力人在幼儿园、学校或者其他教育机构学习、生活期间，受到教育机构以外的第三人人身损害，第三人、教育机构作为共同被告且依法应承担侵权责任的，人民法院应当在判决中明确，教育机构在人民法院就第三人的财产依法强制执行后仍不能履行的范围内，承担与其过错相应的补充责任。

被侵权人仅起诉教育机构的，人民法院应当向原告释明申请追加实施侵权行为的第三人为共同被告。

第三人不确定的，未尽到管理职责的教育机构先行承担与其过错相应的责任；教育机构承担责任后向已经确定的第三人追偿的，人民法院依照民法典第一千二百零一条的规定予以支持。

第十五条 与用人单位形成劳动关系的工作人员、执行用人单位工作任务的其他人员，因执行工作任务造成他人损害，被侵权人依照民法典第一千一百九十一条第一款的规定，请求用人单位承担侵权责任的，人民法院应予支持。

个体工商户的从业人员因执行工作任务造成他人损害的，适用民法典第一千一百九十一条第一款的规定认定民事责任。

第十六条 劳务派遣期间，被派遣的工作人员因执行工作任务造成他人损害，被侵权人合并请求劳务派遣单位与接受劳务派遣的用工单位承担侵权责任的，依照民法典第一千一百九十一条第二款的规定，接受劳务派遣的用工单位承担侵权人应承担的全部责任；劳务派遣单位在不当选派工作人员、未依法履行培训义务等过错范围内，与接受劳务派遣的用工单位共同承担责任，但责任主体实际支付的赔偿费用总和不应超出被侵权人应受偿的损失数额。

劳务派遣单位先行支付赔偿费用后，就超过自己相应责任的部分向接受劳务派遣的用工单位追偿的，人民法院应予支持，但双方另有约定的除外。

第十七条 工作人员在执行工作任务中实施的违法行为造成他人损害，构成自然人犯罪的，工作人员承担刑事责任不影响用人单位依法承担民事责任。依照民法典第一千一百九十一条规定用人单位应当承担侵权责任的，在刑事案件中已完成的追缴、退赔可以在民事判决书中明确并扣减，也可以在执行程序中予以扣减。

第十八条 承揽人在完成工作过程中造成第三人损害的，人民法院依照民法典第一千一百六十五条的规定认定承揽人的民事责任。

被侵权人合并请求定作人和承揽人承担侵权责任的，依照民法典第一千一百六十五条、第一千一百九十三条的规定，造成损害的承揽人承担侵权人应承担的全部责任；定作人在定作、指示或者选任过错范围内与承揽人共同承担责任，但责任主体实际支付的赔偿费用总和不应超出被侵权人应受偿的损失数额。

定作人先行支付赔偿费用后，就超过自己相应责任的部分向承揽人追偿的，人民法院应予支持，但双方另有约定的除外。

第十九条 因产品存在缺陷造成买受人财产损害，买受人请求产品的生产者或者销售者赔偿缺陷产品本身损害以及其他财产损害的，人民法院依照民法典第一千二百零二条、第一千二百零三条的规定予以支持。

第二十条 以买卖或者其他方式转让拼装或者已经达到报废标准的机动车，发生交通事故造成损害，转让人、受让人以其不知道且不应当知道该机动车系拼装或者已经达到报废标准为由，主张不承担侵权责任的，人民法院不予支持。

第二十一条 未依法投保强制保险的机动车发生交通事故造成损害，投保义务人和交通事故责任人不是同一人，被侵权人合并请求投保义务人和交通事故责任人承担侵权责任的，交通事故责任人承担侵权人应承担的全部责任；投保义务人在机动车强制保险责任限额范围内与交通事故责任人共同承担责任，但责任主体实际支付的赔偿费用总和不应超出被侵权人应受偿的损失数额。

投保义务人先行支付赔偿费用后，就超出机动车强制保险责任限额范围部分向交通事故责任人追偿的，人民法院应予支持。

第二十二条 机动车驾驶人离开本车后，因未采取制动措施等自身过错受到本车碰撞、碾压造成损害，机动车驾驶人请求承保本车机动车强制保险的保险人在强制保险责任限额范围内，以及承保本车机动车商业第三者责任保险的保险人按照保险合同的约定赔偿的，人民法院不予支持，但可以依据机动车车上人员责任保险的有关约定支持相应的赔偿请求。

第二十三条 禁止饲养的烈性犬等危险动物造成他人损害，动物饲养人或者管理人主张不承担责任或者减轻责任的，人民法院不予支持。

第二十四条 物业服务企业等建筑物管理人未采取必要的安全保障措施防止从建筑物中抛掷物品或者从建筑物上坠

落的物品造成他人损害，具体侵权人、物业服务企业等建筑物管理人作为共同被告的，人民法院应当依照民法典第一千一百九十八条第二款、第一千二百五十四条的规定，在判决中明确，未采取必要安全保障措施的物业服务企业等建筑物管理人在人民法院就具体侵权人的财产依法强制执行后仍不能履行的范围内，承担与其过错相应的补充责任。

第二十五条 物业服务企业等建筑物管理人未采取必要的安全保障措施防止从建筑物中抛掷物品或者从建筑物上坠落的物品造成他人损害，经公安等机关调查，在民事案件一审法庭辩论终结前仍难以确定具体侵权人的，未采取必要安全保障措施的物业服务企业等建筑物管理人承担与其过错相应的责任。被侵权人其余部分的损害，由可能加害的建筑物使用人给予适当补偿。

具体侵权人确定后，已经承担责任的物业服务企业等建筑物管理人、可能加害的建筑物使用人向具体侵权人追偿的，人民法院依照民法典第一千一百九十八条第二款、第一千二百五十四条第一款的规定予以支持。

第二十六条 本解释自2024年9月27日起施行。

本解释施行后，人民法院尚未审结的一审、二审案件适用本解释。本解释施行前已经终审，当事人申请再审或者按照审判监督程序决定再审的，适用当时的法律、司法解释规定。

附：

最高人民法院民一庭负责人就民法典侵权责任编司法解释（一）答记者问*

民法典施行后，最高人民法院为正确实施民法典，回应社会关切，结合审判实践中遇到的新情况新问题，制定了《最高人民法院关于适用〈中华人民共和国民法典〉侵权责任编的解释（一）》（法释〔2024〕12号，以下简称《解释》），于2024年9月26日正式发布，并自2024年9月27日起施行。为准确理解《解释》的内容，记者采访了最高人民法院民一庭负责人。

问题一：以前颁布的有关侵权责任的司法解释都是针对某一类侵权责任纠纷案件作出规定。本《解释》是关于民法典侵权责任编的司法解释。请您介绍一下《解释》制定的背景和指导思想？

答：习近平总书记强调，要充分认识颁布实施民法典的

* 载中国法院网，https：//www.chinacourt.org/article/detail/2024/09/id/8126688.shtml，最后访问时间：2024年9月26日。

重要意义，依法更好保障人民合法权益。侵权责任是侵害民事权益应当承担的法律后果，承担侵权责任也是制裁违法、救济权益、保障人权的重要手段。民法典施行后，侵权责任法同时废止，侵权责任在民法典中独立成编作出规定，进一步彰显了强化人权保护、维护社会和谐安全的立法宗旨。民法典侵权责任编具有鲜明的中国特色、实践特色和时代特色。

为贯彻落实党的二十大精神和习近平总书记关于加强人权司法保障、推动民法典全面贯彻实施的指示，最高人民法院依据民法典规定，及时清理修订了有关审理人身损害赔偿案件、道路交通事故损害赔偿案件、医疗损害责任纠纷案件等在内的多部侵权类司法解释。民法典施行以来，民事审判实践中遇到了一些新情况新问题，亟需明确和统一法律适用标准。

近年来，社会各界围绕“严惩侵害农村留守儿童、拐卖拐骗妇女儿童违法犯罪行为”“惩治校园欺凌、平衡学校与学生的关系”“加强未成年人司法保护”“切实实现好、维护好、发展好劳动者合法权益”“维护人民群众道路交通安全和头顶上的安全”等问题，提出了不少意见建议。坚持系统思维、法治思维、底线思维制定司法解释，按照民法典规定妥善解决实践中的困难和问题，是回应社会关切和实践需求、提高司法服务保障水平的重要举措。

《解释》起草中，我们以召开研讨会、座谈会、类案比较以及书面征求意见等多种方式，深入开展调查研究，多次广泛听取社会各方面意见建议，最大程度凝聚各方共识。先后两次与专家学者专题研讨，充分听取理论界、实务界意见；两次书面征求立法机关及其他有关国家机关意见；在充分吸纳各方面意见建议基础上，《解释》历经十余稿修改，于 2023 年 3 月向社会公开征求意见，并对收到的 800 余条意见逐条梳理和研究探讨。根据各方反馈意见，我们对《解释》进行修改完善，形成提请最高人民法院审判委员会讨论的审议稿。2023 年 12 月 18 日，最高人民法院审判委员会第 1909 次会议审议通过了《解释》。

《解释》以习近平新时代中国特色社会主义思想为指导，坚持习近平法治思想，在社会重大关切中坚持以人民为中心，切实维护群众合法权益，保障和促进社会公平正义。具体体现为：一是坚持问题导向。坚持多种形式广泛深入调研，掌握真情况真问题，解决民法典施行后社会广泛关注、审判实践中亟需解决的重大争议问题。条文成熟一个规定一个，力求务实管用，及时回应实践需求。二是坚持依法解释。尊重立法精神，严格贯彻执行民法典规定。坚持法律规则的体系化适用，注重新旧法律制度的适用衔接，依据法律新规定调整不符合立法精神的既往裁判标准。三是坚持社会主义核心价值观。司法解释体现的价值理念和价值导向始终与社会主义核心价值观相贯通，确保符合人民群众的价值认同和情感认同。

问题二：请您介绍一下《解释》的主要内容及其司法理念?

答：《解释》共计26条，除了第26条是关于施行时间及效力的规定外，其余25个条文都是针对具体问题作出的规定。

一是明确非法使被监护人脱离监护的侵权责任。将监护纳入侵权责任调整的民事权益予以保护，加强对拐卖、拐骗儿童行为和其他非法使被监护人脱离监护的侵权行为的民事制裁，与刑事制裁共同构成制裁违法、救济权益的一体两翼，切实保障公民基本权益，维系亲情稳定。

二是明确监护人责任，教唆、帮助侵权责任和教育机构责任的实体和程序规则。依法认定监护人和受托履行监护职责的人，教唆、帮助侵权人，教育机构以及校外侵权人的民事责任，强化监护职责的履行，坚决制裁教唆、帮助侵权，支持合理诉求，助力家校和谐，保障未成年人合法权益，护航未成年人身心健康成长。

三是明确用人单位责任的适用范围和劳务派遣关系中的侵权责任形态。明确工作人员在执行工作任务中实施犯罪不影响用人单位承担民事责任，并协调刑事追缴、退赔与民事赔偿的关系。分别规定了在执行用人单位工作任务中实施的违法行为造成他人损害、承揽人根据定作或指示完成工作过程中造成他人损害的不同侵权责任，确保法律规定正确适用，依法维护劳动群众合法权益，保障被侵权人的损害得到填补。

四是明确机动车交通事故责任的相关适用规则。就机动车投保义务人与交通事故责任人不是同一人的责任承担，机动车第三者责任险中第三者的认定，因转让拼装车、报废车造成损害时责任承担的主观要件问题，我们贯彻严的基调，强化法定义务的履行和违法制裁，更好地保护群众出行安全，保障被侵权人充分受偿。

五是明确缺陷产品造成的产品自身损害（即产品自损）属于产品责任赔偿范围。正确阐释立法精神，切实维护消费者合法权益，保障消费者高效便捷维权。

六是明确规定禁止饲养的烈性犬等危险动物致人损害不适用免责事由。准确阐明民法典“最严格的无过错责任”立法精神，强化动物饲养人、管理人责任意识，维护动物饲养管理秩序，保障群众生命财产安全。

七是明确高空抛掷物、坠落物致害责任的实体和程序规则。在总结实践经验基础上，依法合理确定具体侵权人、可能加害的建筑物使用人、物业服务企业等建筑物管理人的责任顺位和责任范围，依法支持被侵权人合理诉求，维护群众“头顶上的安全”，消除“悬在城市上空的痛”。

问题三：《解释》明确规定非法使被监护人脱离监护的侵权责任。请您具体介绍一下相关规则的制定背景、依据和主要内容？

答：保护妇女儿童人身权益不受侵犯，是人民法院服务保障人权发展大局、维护社会和谐稳定、维护国家安全、展现负责任大国形象的重要内容。审判实践中非法使被监护人脱离监护的情形，既有拐卖、拐骗儿童等刑事犯罪行为，也有亲子错换等民事行为，还有未达到刑事追诉年龄的未成年人实施的非法使被监护人脱离监护的行为。《最高人民法院关于确定民事侵权精神损害赔偿责任若干问题的解释》第 2 条规定：“非法使被监护人脱离监护，导致亲子关系或者近亲属间的亲属关系遭受严重损害，监护人向人民法院起诉请求赔偿精神损害的，人民法院应当依法予以受理”。为进一步明确裁判标准，《解释》第 1 条至第 3 条作出相应规定。

1. 明确支持赔偿监护人寻亲的合理费用

监护的主要内容为“抚养（赡养)、教育（扶助）和保护”，既是权利，又是义务，将监护纳入侵权责任调整范围予以保护，具有正当性。

非法使被监护人脱离监护，监护人为寻亲往往花费较长时间和一定数额的金钱，产生财产损失。财产损失属于物质损失、直接损失，按照填补损害的基本原则，无论非法使被监护人脱离监护的行为是否构成犯罪，监护人为寻亲花费的合理费用均应获赔偿，但赔偿范围如何确定，则存在一定争议。《解释》第 1 条以“恢复原状”“禁止得利”为法理基础，协调了拐卖获利刑事追缴与民事赔偿的关系，规定“非法使被监护人脱离监护，监护人请求赔偿为恢复监护状态而支出的合理费用等财产损失的，人民法院应予支持”。为增强财产损失范围认定弹性，又避免不当扩大损失范围，对“财产损失”作出“合理费用”的限定，同时使用了“等”之表述，给予法官一定的裁量权。

2. 明确严重精神损害的认定标准

精神损害赔偿是被侵权人因人格利益或身份利益受到侵害遭受精神痛苦，通过金钱赔偿的方式对其给予精神抚慰。非法使被监护人脱离监护侵害了监护关系这种身份利益，若造成了严重精神损害，依照民法典第1183条关于“侵害自然人人身权益造成严重精神损害的，被侵权人有权请求精神损害赔偿”的规定，人民法院应当支持监护人和被监护人提出的精神损害赔偿请求；但非法使被监护人脱离监护构成刑事犯罪的，应当依照《最高人民法院关于适用〈中华人民共和国刑事诉讼法〉的解释》的有关规定处理。

对于如何认定非法使被监护人脱离监护造成严重精神损害，理论与实践中存在不同观点。有意见认为，非法使被监护人脱离监护即构成严重精神损害。我们认为，这种意见对精神损害的认定标准失之过宽。民法典第1183条关于精神损害赔偿的规定，体现了防止精神损害赔偿被滥用的立法精神。为严格确立非法使被监护人脱离监护造成严重精神损害的认定标准，《解释》第2条规定：“非法使被监护人脱离监护，导致父母子女关系或者其他近亲属关系受到严重损害的，应当认定为民法典第一千一百八十三条第一款规定的严重精神损害”。审判实践中，可综合脱离监护的时间、使近亲属出现精神疾患等因素作出认定。此条规定中的父母子女关系，不仅包括亲子关系，还包括形成抚养教育关系的继父母子女关系和养父母子女关系。

3. 明确依法支持权利人合并请求赔偿人身损害与寻亲费用

非法使被监护人脱离监护可能同时造成被监护人死亡。作为近亲属的监护人在人身损害赔偿案件中合并主张赔偿人身损害和寻亲费用的，人民法院应否一并支持，审判实践中存在争议。《解释》第3条本着快捷解决纠纷、保障权利人及时受偿的考虑，明确规定依法支持赔偿权利人合并请求赔偿人身损害和寻亲费用。

问题四：劳动力异地流动、家庭结构变化带来了父母教养子女的现实困难，未成年人身心健康问题引起社会广泛关注，校园欺凌等违法犯罪也有发生。《解释》多个条文有针对性地规范被监护人侵权的责任承担问题。请您介绍一下相关内容和基本精神。

答：未成年人是祖国的未来、民族的希望，党和国家历来高度重视未成年人保护事业。习近平总书记深刻指出，“十年树木，百年树人，祖国的未来属于下一代。做好关心下一代工作，关系中华民族伟大复兴”，明确要求“对损害少年儿童权益、破坏少年儿童身心健康的言行，要坚决防止和依法打击”。“校园欺凌”“校闹”问题，农村留守儿童、异地流动儿童和离异重组家庭未成年子女权益维护和健康成长问题，受到社会广泛关注。

针对民法典中监护人责任，教唆、帮助侵权责任和教育机构责任适用中的争议，《解释》明确了4个问题：

1. 明确被监护人侵权，监护人承担全部责任而非补充责任，不以被监护人本人有财产来认定被监护人担责

针对学理与实务中关于民法典第 1188 条规定的监护人责任是补充责任还是全部赔偿责任的争议，《解释》明确规定，被监护人侵权，由监护人承担侵权人应承担的全部赔偿责任。被监护人无论是无民事行为能力人，还是限制民事行为能力人，均不得因其本人有财产而承担侵权责任。这一规定，彰显了保障未成年人合法权益和轻装前行的司法理念。

在非近亲属担任监护人且被监护人本人有财产的情况下，完全由监护人担责可能导致非近亲属不愿担任监护人，这不利于未成年人的成长。为解决上述问题，从公平角度考量，依照民法典第 1188 条第 2 款“有财产的无民事行为能力人、限制民事行为能力人造成他人损害的，从本人财产中支付赔偿费用；不足部分，由监护人赔偿”的规定，《解释》第 5 条规定，人民法院在判令监护人担责的同时，应当在判决中明确“赔偿费用可以先从被监护人财产中支付，不足部分由监护人支付”。

同时，为保证被监护人健康成长，《解释》对从被监护人的财产中支付赔偿费用作出限定，规定“应当保留被监护人所必需的生活费和完成义务教育所必需的费用”。

针对行为人在侵权行为发生时不满十八周岁，被诉时已满十八周岁的情况，《解释》第 6 条调整了既往裁判标准，明确仍由原监护人承担侵权责任，并协调规定了赔偿费用支付

问题。征求意见过程中，有意见建议依照民法典第 18 条第 2 款的规定，明确行为人在侵权行为发生时已满十六周岁未满十八周岁，但以自己的劳动收入为主要生活来源的，由行为人承担侵权责任。但经广泛征求意见，普遍认为，民法典第 18 条第 2 款有关十六周岁视为完全民事行为能力人的规定，是为了保护以自己的劳动收入为主要生活来源的未成年人，使他们参与的正常民事法律关系处于稳定状态，该规定一般适用于民事法律行为领域，不适用于侵权责任领域。如果规定这部分未成年人还要承担侵权责任，与立法保护未成年人的精神不符。据此，《解释》未采纳相关建议。

2. 明确未成年子女侵权，由父母共同承担责任，未与未成年人形成抚养教育关系的继父母不承担监护人的侵权责任，由该子女的生父母承担责任

我们根据民法典的精神对既往裁判规则作出相应调整和补充。

关于未成年子女侵权的父母责任。依照民法典第 26 条、第 27 条以及第 1068 条的规定，父母是未成年子女的监护人，未成年子女造成他人损害的，父母应当依法承担民事责任。民法典有关监护人责任的规定并未明确父与母之间的责任形态，《解释》参照夫妻共同债务的立法精神，在第 7 条明确规定："未成年子女造成他人损害，被侵权人请求父母共同承担侵权责任的，人民法院依照民法典第二十七条第一款、第一千零六十八条以及第一千一百八十八条的规定予以支持"。

关于未成年子女侵权的离异夫妻责任。审判实践中，未成年子女侵权的，离异夫妻一方往往以未与未成年子女共同生活为由主张自己不承担责任或者少承担责任。以前，司法实践依照“与子女共同生活”标准来判定离异夫妻的责任，会导致不与子女共同生活的一方疏于履行监护职责。依照民法典第 1084 条的规定，离婚后父母对子女仍有抚养、教育、保护的权利和义务。据此，《解释》第 8 条第 1 款明确，夫妻离婚后，未成年子女造成他人损害，被侵权人请求离异夫妻共同承担侵权责任的，人民法院依法予以支持。一方以未与该子女共同生活为由主张不承担或者少承担责任的，人民法院不予支持。

考虑到夫妻离异后财产进行了分割，双方对抚养子女一般会作出约定，《解释》第 8 条第 2 款规定了离异夫妻对外承担责任后的内部求偿规则，“离异夫妻之间的责任份额，可以由双方协议确定；协议不成的，人民法院可以根据双方履行监护职责的约定和实际履行情况等确定。实际承担责任超过自己责任份额的一方向另一方追偿的，人民法院应予支持”。

关于未成年子女侵权的继父母责任。夫妻离异后再婚，再婚相对方与未成年人形成继父母子女关系。依照民法典第 1072 条第 2 款的规定，继父或者继母和受其抚养教育的继子女间的权利义务关系，适用民法典有关父母子女关系的规定。未成年人受继父母抚养教育成立了监护关系，但并不因此免除生父母的监护职责，对于未成年人侵权应如何协调生父母责任与继父母责任，实务中争议较大，处理纠纷时应进行“个案考量”和“利益平衡”，不宜一刀切。因此，《解释》第9条仅针对未成年子女与继父母未形成抚养教育关系的情形作出规定，明确未与该子女形成抚养教育关系的继父或者继母不承担监护人的侵权责任，由该子女的生父母承担侵权责任。

3. 明确被监护人侵权，受托履行监护职责的人在过错范围内与承担全部责任的监护人共同承担责任，产生责任重合；教唆、帮助未成年人侵权的，监护人在过错范围内与承担全部责任的教唆人、帮助人共同承担责任，产生责任重合。但是，责任主体实际支付的赔偿费用总和不应超出被侵权人应受偿的损失数额。目的是在利益衡量的基础上保障被侵权人充分受偿

民法典第1189条规定了委托监护关系中的侵权责任，第1169条第2款规定了教唆、帮助无民事行为能力人、限制民事行为能力人侵权的民事责任。法律适用中的主要争议为，委托监护关系中受托履行监护职责的人承担的与过错相应的责任，教唆、帮助侵权中监护人承担的与过错相应的责任，实务中应如何据此认定民事责任。《解释》第10条、第12条对相关争议的裁判标准予以了明确。

关于受托人承担责任应否限定于有偿受托的问题。《解释》制定过程中，有观点认为无偿看管孙辈的祖辈不应对被监护人的侵权行为承担责任。经广泛征求意见，我们目前的

倾向性意见为，排除无偿受托人担责限缩了民法典第 1189 条规定的适用范围，不利于保障被侵权人充分受偿，也不符合强化监护职责履行的立法精神。为此，《解释》对这种意见未予采纳。实践中，可综合过错情况，合理界定情谊行为与无偿受托的区别等来妥善认定无偿受托人的责任。

关于受托人的过错认定问题。审判实践中应具体分析，综合被侵权人的人身财产权益，被监护人的年龄、性格和过往表现等自身特点，健康自由发展空间，教育义务履行情况，受托人的履行成本等因素，对受托人的过错作出认定。

此外，《解释》对教唆、帮助未成年人侵权的行为持严格否定立场，明确教唆人、帮助人承担责任不以明知被教唆、帮助人为无民事行为能力人、限制民事行为能力人为前提。

4. 明确学生在校内遭受校外人员人身损害的，实施侵权行为的第三人为第一责任主体，未尽到管理职责的教育机构承担顺位在后的补充责任；第三人不确定的，未尽到管理职责的教育机构先行承担责任，并有权向第三人追偿

民法典第 1201 条规定了学生在校内遭受校外人员人身损害的责任承担。针对审判实践中反映的实体与程序问题，《解释》第 14 条作出规定：

一是被侵权人可一并起诉实施侵权行为的第三人和教育机构。无须被侵权人先行起诉、强制执行第三人财产后再就赔偿不能部分起诉请求教育机构承担责任。目的是减轻当事人诉累，保障被侵权人及时获得救济。

二是如果诉讼时实施侵权行为的第三人能够确定，一般不单独列教育机构为被告。人民法院应当向原告释明申请追加实施侵权行为的第三人为共同被告。第三人和教育机构作为共同被告的，人民法院在判决中应体现教育机构承担补充责任的在后执行顺位，即明确“教育机构在人民法院就第三人的财产依法强制执行后仍不能履行的范围内，承担与其过错相应的补充责任”。

三是诉讼时无法确定第三人的，未尽到管理职责的教育机构可以先行承担与其过错相应的责任。教育机构承担责任后向已经确定的第三人追偿的，人民法院依照民法典第1201条的规定予以支持。

问题五：《解释》第17条有关工作人员犯罪时用人单位承担民事责任的规定，在向社会公开征求意见中受到广泛关注。请您介绍一下这条规定的有关情况？

答：工作人员在执行工作任务中实施违法犯罪行为，造成公私财产损失的情况时有发生。刑事案件认定工作人员构成自然人犯罪后，因财产损失较大，存在被害人难以通过刑事追缴、退赔获得足额赔偿的情况。为弥补损失，刑事案件的被害人往往以工作人员所在用人单位为被告提起民事诉讼，请求用人单位依照民法典第1191条用人单位责任的规定，承担赔偿责任。

《解释》第17条明确，工作人员在执行工作任务中实施的违法行为造成他人损害，构成自然人犯罪的，工作人员承担刑事责任不影响用人单位依法承担民事责任。依照民法典第1191条的规定用人单位应当承担侵权责任的，在刑事案件中已完成的追缴、退赔可以在民事判决书中明确并扣减，也可以在执行程序中予以扣减。这一规定包含三层含义：

一是明确工作人员自然人犯罪不当然影响用人单位民事责任的认定。工作人员在执行工作任务中实施的违法行为造成他人损害，构成自然人犯罪，刑事法律关系中的责任主体是工作人员个人，民事法律关系中的责任主体是用人单位，由于责任主体不同，不属于同一法律事实。当然，如果工作人员的违法行为构成非法集资类犯罪，则应依照民间借贷等相关司法解释的特殊规定，依法确定是否受理对用人单位提起的民事诉讼。

二是明确只有工作人员的犯罪是在执行工作任务中实施的行为，人民法院才能依照民法典第1191条的规定认定用人单位承担侵权责任。由于该条规定是对民法典第1191条用人单位责任的解释，其题中应有之义是，如果工作人员的犯罪行为不是在执行工作任务中实施的违法行为，则人民法院不能依照民法典第1191条用人单位责任的规定来判令用人单位为工作人员的致害行为承担完全替代赔偿责任。审判实践中应注意的是，工作人员的犯罪行为虽不是在执行工作任务中实施，但用人单位对损害的发生有过错的，人民法院应根据用人单位的过错程度和原因力大小，依照民法典第1165条的规定认定用人单位的民事责任。审判实践中，可以根据行为的内容、时间、地点、场合、行为之名义、行为的受益人以及是否与用人单位的意志有关等因素，综合认定工作人员是否在执行工作任务中实施违法行为。

三是明确用人单位承担责任的范围与刑事案件中追缴、退赔的关系。实务中对此问题存在不同意见。有意见认为，民事判决的赔偿范围应扣除刑事判决退赔被害人损失部分。而论证过程中相对集中的意见为，刑事责任的承担不妨碍民事责任的认定，而且责任的认定与实际执行应予以区分。刑法第 64 条是关于对犯罪所得财物如何执行处理的规定，而并非就刑事责任与民事责任关系的规定。因此，刑事判决追缴、退赔被害人损失不妨碍民事判决对于赔偿范围的认定。如果犯罪所得已在刑事案件中返还了被害人，可以在实际执行时予以扣减。据此，《解释》第 17 条明确，用人单位依法应当承担侵权责任的，在刑事案件中已完成的追缴、退赔可以在民事判决书中明确并扣减，也可以在执行程序中予以扣减。

问题六：民法典侵权责任编专章六个条文规定了产品责任。《解释》规定了有关产品责任的一个条文，将缺陷产品造成的产品自身损害认定为产品责任的赔偿范围。请您介绍一下有关考虑？

答：产品责任是因产品存在缺陷造成他人损害时相关责任主体应承担的侵权责任。缺陷产品造成他人损害的事实，包括人身损害和财产损害。对于产品责任中财产损害的范围，普遍认同包括缺陷产品以外的其他财产的损失，但对是否包括产品自损，立法过程中和司法实务中都存在一定争议。

一种意见认为，多数国家产品责任中的财产损害仅指缺陷产品以外的其他财产损害，不包括产品自损。产品质量法第41条关于“因产品存在缺陷造成人身、缺陷产品以外的其他财产损害的，生产者应当承担赔偿责任”的规定，也采取了同样的立法例。缺陷产品造成产品自损的，属于合同责任问题，应当通过合同解决，缺陷产品以外的其他财产损害，才是产品责任中所称的财产损害。另一种意见认为，财产损害应当包括产品自损。

针对产品自损是否属于产品责任中的财产损害这一争议，《解释》第19条对此作出了明确规定，采纳了上述第二种意见，规定“因产品存在缺陷造成买受人财产损害，买受人请求产品的生产者或者销售者赔偿缺陷产品本身损害以及其他财产损害的，人民法院依照民法典第一千二百零二条、第一千二百零三条的规定予以支持”。

作出上述规定的主要考虑：一方面是贯彻立法精神。民法典第1202条“因产品存在缺陷造成他人损害的，生产者应当承担侵权责任”的规定中的“他人损害”，就包括了产品自损。相对于产品质量法，民法典是新法，《解释》第19条的规定是对民法典立法精神的具体阐释。另一方面是立足国情。对缺陷产品财产损害事实的认定，应当立足于我国国情从保护消费者角度作出解释，以符合人民群众对缺陷产品造成财产损害的一般认识。对于消费者而言，购买的产品本身存在缺陷造成了产品自损，从合同责任角度，产品的销售者要承担瑕疵担保责任；从侵权责任角度，产品自损系因产品缺陷引起，给消费者造成了财产损失，将其认定为缺陷产品造成的财产损害，消费者可以通过提起一个侵权责任纠纷诉讼，一并主张赔偿产品自损以及缺陷产品以外的其他财产损害，有利于及时、便捷地保护消费者合法权益。若将产品自损排除在产品侵权损害事实之外，则消费者的损害仅通过侵权责任纠纷诉讼无法完全填补，这不符合减少当事人诉累、及时便捷化解矛盾纠纷的司法理念。

最高人民法院在指导地方法院处理道路交通事故损害赔偿纠纷时也曾提出指导意见，认为机动车自身缺陷导致交通事故的财产损害，包括机动车自损。《解释》第19条的精神也体现了对既往裁判规则的承继，维持规则稳定。

问题七：在民法典高空抛掷物、坠落物致害责任规定的基础上，《解释》又有两个条文对该责任作出进一步规定。请您介绍一下相关规定所要解决的主要问题？

答：现代城市高楼林立，建筑物上的抛掷物、坠落物致人损害的事件时有发生，对“头顶上的安全”构成重大威胁，被称为“悬在城市上空的痛”。

民法典在全面总结侵权责任法实践经验的基础上，第1254条从五个方面对高空抛掷物、坠落物致害责任作出规范。实践中，对相关条款的协调适用存在一些争议。较为突出的是物业服务企业等建筑物管理人和可能加害的建筑物使用人的责任顺位、追偿问题。

我们在总结“重庆烟灰缸案”“济南菜板案”等审判经验的基础上，在《解释》第 24 条、第 25 条作出相关规定，着力使民法典的法律规定在司法实务中落地落实。

1. 明确规定高空抛掷物、坠落物造成他人损害的，具体侵权人是第一责任主体，未采取必要安全保障措施的物业服务企业承担顺位在后的补充责任

依照民法典第 1254 条第 1 款的规定，从建筑物中抛掷物品或者从建筑物中坠落的物品造成他人损害的，由侵权人依法承担侵权责任。同时，该条第 2 款规定，物业服务企业等建筑物管理人应当采取必要的安全保障措施防止高空抛掷物、坠落物造成他人损害，违反该项义务应依法承担侵权责任。在具体侵权人和违反安全保障义务的物业服务企业等建筑物管理人作为共同被告时，应如何界定和划分两个责任主体间的民事责任，民法典第 1254 条并未明确。《解释》第 24 条对此予以明确，即具体侵权人是第一责任主体，未采取必要安全保障措施的物业服务企业等建筑物管理人在人民法院就具体侵权人的财产依法强制执行后仍不能履行的范围内，承担与其过错相应的补充责任。这是因为，高空抛掷物、坠落物造成他人损害的行为由第三人实施，物业服务企业等建筑物管理人违反安全保障义务的，依照民法典第 1198 条第 2 款的规定，应当由安全保障义务人承担与其过错相应的补充责任。

2. 明确规定无法确定高空抛掷物、坠落物致害的具体侵

权人的，未采取必要安全保障措施的物业服务企业等建筑物管理人先行承担与其过错相应的责任。被侵权人其余部分的损害，由可能加害的建筑物使用人给予适当补偿。上述责任主体承担责任后有权向将来确定的具体侵权人追偿

民法典第1254条第1款还规定，经调查难以确定具体侵权人的，除能够证明自己不是侵权人的外，由可能加害的建筑物使用人给予补偿。审判实践中，高空抛掷物、坠落物致害的具体侵权人有时确实难以确定。此种情形下，可能加害的建筑物使用人与违反安全保障义务的物业服务企业等建筑物管理人之间如何划分责任，民法典第1254条亦未明确。《解释》第25条对此予以了明确：第一，诉讼中无须等待具体侵权人查明；第二，未采取必要安全保障措施的物业服务企业等建筑物管理人先于可能加害的建筑物使用人承担责任。承担责任的范围应与其过错程度相适应；第三，物业服务企业等建筑物管理人承担责任后，被侵权人仍有损害未得到填补的，被侵权人其余部分的损害，由可能加害的建筑物使用人给予适当补偿。对于民法典第1254条第1款规定的可能加害的建筑物使用人的补偿范围，审判实践中存在争议。我们结合既往判决和执行情况，目前采纳了“适当补偿”的意见，以兼顾权益救济和保障公平；第四，明确了物业服务企业、可能加害的建筑物使用人承担责任后有权向具体侵权人追偿。依照民法典第1198条第2款规定，安全保障义务人承担补充责任后享有向实施侵权行为的第三人追偿的权利。民法典第

1254 条第 1 款也规定，可能加害的建筑物使用人补偿后，有权向侵权人追偿。《解释》第 25 条第 2 款据此明确，具体侵权人确定后，已经承担责任的物业服务企业等建筑物管理人、可能加害的建筑物使用人向具体侵权人追偿的，人民法院应予支持；第五，明确“具体侵权人难以确定”的时间标准。实践中，为解决高空抛掷物、坠落物致害的具体侵权人难以查明的问题，民法典第 1254 条第 3 款规定，公安等机关应当依法及时调查，查清责任人。本着确保被侵权人及时填补损害的宗旨，《解释》第 25 条明确，经公安等机关调查，在民事案件一审法庭辩论终结前仍难以确定具体侵权人的，人民法院可以依法审理相关案件并确定相关责任主体的民事责任。

问题八：您提到了民法典侵权责任编中有关“相应的责任”的法律规定，《解释》中有多个条文对“相应的责任”作出进一步规定。请您对其具体阐释一下。

答：这确实是一个需要阐明的问题。民法典侵权责任编多处规定“相应的责任”，比如委托监护关系中受托人承担的相应的责任，教唆、帮助侵权中监护人承担的相应的责任，劳务派遣关系中劳务派遣单位承担的相应的责任，承揽关系中定作人承担的相应的责任等。如何依照有关法律规定确定各民事主体的民事责任，是审判实务中应予统一的问题。

民法典有关“相应的责任”的规定，均涉及两个以上的责任主体。对于多数人侵权的侵权责任形态，民法典明文规定了按份责任、连带责任、补充责任，在产品侵权等具体法律条文中体现了侵权行为法学理上的不真正连带责任。《解释》制定过程中，我们认真研究、广泛征求意见并积极与立法机关沟通，在正确区分侵权行为法中数人侵权的不同责任形态的基础上，坚持比例原则、利益衡量，《解释》在关于委托监护，教唆、帮助侵权，劳务派遣，承揽人、定作人侵权，投保义务人与交通事故责任人不是同一人时的责任承担等 5 个具体条文中，从与过错相应的角度作了务实的处理。

刚才，我在第四个问题中，通过对委托监护责任，教唆、帮助侵权责任的说明也简要进行了阐述。这里我仍以民法典第 1189 条委托监护的规定为例。依照委托监护责任的法律规定，无民事行为能力人、限制民事行为能力人造成他人损害，监护人将监护职责委托给他人的，监护人应当承担侵权责任；受托人有过错的，承担“相应的责任”。可见，监护人和有过错的受托人都是责任主体。

其一，监护人将监护职责委托给他人履行，并不发生监护职责的移转。监护人仍是履行监护职责的主体，应依照民法典关于监护人责任的规定，对被监护人的侵权行为承担全部替代赔偿责任。受托人的过错并不因此减少监护人的责任。

其二，被侵权人可以任意选择由谁承担责任。受托人承担过错责任并不以监护人先行承担责任为前提，受托人的责任亦不符合补充责任的特征。

其三，在连带责任法定化背景下，受托人的相应过错责任不宜解释为比例连带责任。

在比较、区分不同责任的情况下，《解释》适当借鉴不真正连带责任原理，第10条第1款首先规定，无民事行为能力人、限制民事行为能力人造成他人损害，被侵权人合并请求监护人和受托履行监护职责的人承担侵权责任的，依照民法典第1189条的规定，监护人承担侵权人应承担的全部责任；受托人在过错范围内与监护人共同承担责任。通俗地讲就是，一个责任主体在过错比例范围内承担的责任，与另一个承担全部责任的主体所承担的责任部分重合，执行中根据各个责任主体的责任范围和责任财产情况，协调处理执行数额。为避免“过错范围内共同承担责任”的规定产生赔偿范围超出100%的误解，《解释》明确：“责任主体实际支付的赔偿费用总和不应超出被侵权人应受偿的损失数额”。应强调的是，这里规定的共同承担责任，不是两个以上的责任主体根据各自过错大小按份承担相应的责任，若监护人在诉讼中主张与有过错的受托人对外按份承担责任的，人民法院不予支持。

多个责任主体共同对外承担责任后，如何处理相互之间的内部求偿问题，《解释》起草过程中争议很大。《解释》在坚持“过错终局”求偿规则的基础上具体分析“相应的责任”的不同法律规定情形，对内部求偿规则作出了一定的区分，确保司法解释与立法精神一致。具体为：一是对监护人和受托人之间的内部求偿，指引参照适用民法典第929条关于委托合同内部求偿的规定。二是鼓励相应责任主体积极履行赔付义务，若其自愿支付超出自己相应责任的赔偿费用的，人民法院应支持该责任主体就超出自己相应责任的部分向其他责任主体追偿。鉴于劳务派遣和承揽属于合同关系，故内部追偿规则应坚持当事人约定优先原则。

《解释》施行后，我们将就《解释》适用加强指导，确保案件审理中正确适用相关规则。同时，我们将强化审判经验的研究总结和典型案例的宣传，更好地贯彻落实民法典精神。

典型案例

一、楼某熙诉杜某峰、某网络技术有限公司肖像权纠纷案

案例来源：人民法院贯彻实施民法典典型案例（第一批）之七

（一）典型意义

本案是人民法院依法打击网络侵权行为，保护自然人人格权益的典型案件。本案中，行为人于“七七事变”纪念日在微博上发表不当言论，并附有他人清晰脸部和身体特征的图片，意图达到贬低、丑化祖国和中国人的效果。该行为不仅侵犯了他人的肖像权，而且冲击了社会公共利益和良好的道德风尚。审理法院在本案判决中依法适用民法典的规定保护他人的肖像权，同时结合案情，将“爱国”这一社会主义核心价值观要求融入裁判说理，既依法维护了当事人的合法权益，也充分发挥了司法裁判的引领示范作用，突出弘扬了爱国主义精神的鲜明价值导向，有利于净化网络环境，维护网络秩序。

（二）基本案情

2021年7月7日，杜某峰通过其名为“西格隆咚锵的隆”的新浪微博账号发布一条微博（某网络技术有限公司系该平台经营者），内容为“日本地铁上的小乘客，一个人上学，那眼神里充满自信和勇气，太可爱了”，并附有楼某熙乘坐杭州地铁时的照片，引起网友热议。次日，楼某熙的母亲在新浪微博发布辟谣帖：“我是地铁小女孩的妈妈，网传我家孩子是日本小孩！在此特此申明：我家孩子是我大中华儿女，并深深热爱着我们的祖国！……”广大网友也纷纷指出其错误。杜某峰对此仍不删除案涉微博，还在该微博下留言，继续发表贬低祖国和祖国文化的言论。后该微博账号“西格隆咚锵的隆”由于存在其他不当言论被新浪微博官方关闭，所有发布的内容从新浪微博平台清除。楼某熙以杜某峰、某网络科技有限公司侵害其肖像权为由，提起诉讼。

（三）裁判结果

生效裁判认为，自然人享有肖像权，有权依法制作、使用、公开或者许可他人使用自己的肖像；任何组织或者个人不得以丑化、污损，或者利用信息技术手段伪造等方式侵害他人的肖像权；未经肖像权人同意，不得制作、使用、公开肖像权人的肖像，但是法律另有规定的除外。本案中，杜某峰发布的案涉微博中使用的图片含有小女孩的清晰面部、体貌状态等外部身体形象，通过比对楼某熙本人的肖像，以社会一般人的认知标准，能够清楚确认案涉微博中的肖像为楼某熙的形象，故楼某熙对该图片再现的肖像享有肖像权。杜某峰在“七七事变”纪念日这一特殊时刻，枉顾客观事实，在众多网友留言指出其错误、楼某熙母亲发文辟谣的情况下，仍拒不删除案涉微博，还不断留言，此种行为严重损害了包括楼某熙在内的社会公众的国家认同感和民族自豪感，应认定为以造谣传播等方式歪曲使用楼某熙的肖像，严重侵害了楼某熙的肖像权。楼某熙诉请杜某峰赔礼道歉，有利于恢复其人格状态的圆满，有利于其未来的健康成长，依法应获得支持。遂判决杜某峰向楼某熙赔礼道歉，并赔偿楼某熙精神损害抚慰金、合理维权费用等损失。

（四）民法典条文指引

第一千零一十八条　自然人享有肖像权，有权依法制作、使用、公开或者许可他人使用自己的肖像。

肖像是通过影像、雕塑、绘画等方式在一定载体上所反映的特定自然人可以被识别的外部形象。

第一千零一十九条第一款　任何组织或者个人不得以丑化、污损，或者利用信息技术手段伪造等方式侵害他人的肖像权。未经肖像权人同意，不得制作、使用、公开肖像权人的肖像，但是法律另有规定的除外。

第一千一百八十三条第一款　侵害自然人人身权益造成严重精神损害的，被侵权人有权请求精神损害赔偿。

二、安徽某医疗科技公司诉安徽某健康科技公司名誉权纠纷案

案例来源：人民法院贯彻实施民法典典型案例（第二批）之八

（一）典型意义

党的二十大报告强调要优化民营企业发展环境，依法保护民营企业产权和企业家权益，促进民营经济发展壮大。企业名誉是企业赖以生存和发展的重要基础，依法保护企业名誉权是构建法治化营商环境的应有之义。民法典第一百一十条确认了法人、非法人组织享有名誉权，第一千零二十四条规定任何组织和个人不得以侮辱、诽谤等方式侵害他人名誉权。本案中，安徽某健康科技公司未经核实，采取投诉、公开发布指责声明的方式，侵犯同行业安徽某医疗科技公司名誉，致使其商业信誉降低，构成侵犯企业名誉权。人民法院依法判决安徽某健康科技公司停止侵害、删除发布在网站上的不实信息并登报赔礼道歉，既保护了被侵权企业的合法权益，也有利于维护市场竞争秩序，促进行业在良性竞争中发展。

（二）基本案情

原告安徽某医疗科技公司与被告安徽某健康科技公司均

生产防护口罩。2021 年 7 月，安徽某健康科技公司向安徽省商务厅投诉称，安徽某医疗科技公司盗取其公司防护口罩的产品图片等宣传资料，并冒用其公司名义在国际电商平台上公开销售产品。随后，安徽某医疗科技公司收到安徽省商务厅的约谈通知。与此同时，该公司不断接到客户电话反映称，安徽某健康科技公司在公司官网、微信公众号上发布指责其盗用防护口罩名称、包装的文章，被各大网络平台转载。经查，涉案国际电商平台设立在东南亚某国，安徽某医疗科技公司从未在该平台上注册企业用户信息，也不是该平台的卖家商户，虽然平台上确有安徽某健康科技公司防护口罩的产品信息，但网页配图中安徽某医疗科技公司的厂房和车间图片系被盗用和嫁接。为了维护自身合法权益，安徽某医疗科技公司诉至法院，请求判令安徽某健康科技公司立即停止侵犯名誉权行为并赔礼道歉。安徽某健康科技公司提起反诉，要求安徽某医疗科技公司立即停止在国际电商平台销售和宣传侵权产品，并赔礼道歉。

（三）裁判结果

生效裁判认为，涉案国际电商平台上涉及两家公司的商品信息均为网站用户在其个人终端上自主上传，安徽某医疗科技公司没有在该平台上注册过企业用户信息，不具备在该电商平台上销售产品的前提条件，网页配图系被他人盗用。安徽某健康科技公司发现平台用户存在侵权行为后，应当第一时间向该电商平台要求采取删除、屏蔽、断开链接等必要措施，并查清实际侵权人。但安徽某健康科技公司未核实信息来源，仅凭配发的安徽某医疗科技公司图片即向有关部门投诉。在投诉尚无结论时，安徽某健康科技公司即在公司官网及微信公众号发布不实言论，主观认定安徽某医疗科技公司假冒、仿冒其公司产品，文章和声明被各大网络平台大量转载和传播，足以引导阅读者对安徽某医疗科技公司产生误解，致使公司的商业信誉降低，社会评价下降。安徽某健康科技公司的行为严重侵犯安徽某医疗科技公司的企业名誉，构成侵权，应当承担相应的民事责任。据此，依法判决安徽某健康科技公司停止侵害、删除发布在网站上的不实信息并登报赔礼道歉，驳回安徽某健康科技公司的反诉。

（四）民法典条文指引

第一百一十条　自然人享有生命权、身体权、健康权、姓名权、肖像权、名誉权、荣誉权、隐私权、婚姻自主权等权利。

法人、非法人组织享有名称权、名誉权和荣誉权。

第一百七十九条　承担民事责任的方式主要有：

（一）停止侵害；

（二）排除妨碍；

（三）消除危险；

（四）返还财产；

（五）恢复原状；

（六）修理、重作、更换；

（七）继续履行；

（八）赔偿损失；

（九）支付违约金；

（十）消除影响、恢复名誉；

（十一）赔礼道歉。

法律规定惩罚性赔偿的，依照其规定。

本条规定的承担民事责任的方式，可以单独适用，也可以合并适用。

第一千零二十四条　民事主体享有名誉权。任何组织和个人不得以侮辱、诽谤等方式侵害他人名誉权。

名誉是对民事主体的品德、声望、才能、信用等的社会评价。

三、柳某诉张某莲、某物业公司健康权纠纷案

案例来源：人民法院贯彻实施民法典典型案例（第二批）之十四

（一）典型意义

与邻为善、邻里互助是中华民族优秀传统美德，是社会主义核心价值观在社会生活领域的重要体现。本案适用民法典侵权责任编的相关规定，严格审查行为与后果之间的因果关系，坚守法律底线，不因有人受伤而扩大赔偿主体范围，

明确自愿为小区购买游乐设施的业主不承担赔偿责任。本案的裁判贯彻了社会主义核心价值观的要求，依法保护无过错方权益，为善行正名、为义举护航，就对与错、赔与不赔等是非问题予以明确回应，不让好人无端担责或受委屈，维护了人民群众心中的公平正义，表明了司法的态度和温度，弘扬了时代新风新貌。

（二）基本案情

被告张某莲系江苏省江阴市某小区业主，因所在小区游乐设施较少，在征得小区物业公司同意后，自费购置一套儿童滑梯（含配套脚垫）放置在小区公共区域，供儿童免费玩耍。该区域的卫生清洁管理等工作由小区物业公司负责。2020 年 11 月，原告柳某途经此处时，踩到湿滑的脚垫而滑倒摔伤，造成十级伤残。后柳某将张某莲和小区物业公司诉至法院，要求共同赔偿医疗费、护理费、残疾赔偿金、精神损害抚慰金等各项损失近 20 万元。

（三）裁判结果

生效裁判认为，民法典第一千一百六十五条规定，行为人因过错侵害他人民事权益造成损害的，应当承担侵权责任。本案中，张某莲自费为小区添置儿童游乐设施，在法律上并无过错，也与本案事故的发生无因果关系，依法无需承担赔偿责任。相反，张某莲的行为丰富了小区业主生活，增进了邻里友谊，符合与人为善、与邻为善的传统美德，应予以肯定性的评价。某物业公司作为小区物业服务人，应在同意张某莲放置游乐设施后承担日常维护、管理和安全防范等义务。某物业公司未及时有效清理、未设置警示标志，存在过错，致使滑梯脚垫湿滑，是导致事故发生的主要原因。柳某作为成年公民，未能及时查明路况，对损害的发生亦存在一定过错，依法可适当减轻某物业公司的赔偿责任。一审法院判决某物业公司赔偿柳某因本案事故所受损失的80%，共计12万余元。

（四）民法典条文指引

第一千一百六十五条第一款　行为人因过错侵害他人民事权益造成损害的，应当承担侵权责任。

第一千一百七十三条　被侵权人对同一损害的发生或者扩大有过错的，可以减轻侵权人的责任。

四、上海市奉贤区生态环境局与张某新、童某勇、王某平生态环境损害赔偿诉讼案

案例来源：人民法院贯彻实施民法典典型案例（第二批）之十六

（一）典型意义

习近平总书记多次强调，要像保护眼睛一样保护生态环境。本案系人民法院践行习近平生态文明思想，适用民法典相关规定判决由国家规定的机关委托修复生态环境，

所需费用由侵权人负担的典型案例。本案依法认定生态修复刻不容缓而侵权人客观上无法履行修复义务的，行政机关有权委托他人进行修复，并可根据民法典第一千二百三十四条直接主张费用赔偿，既有力推动了生态环境修复，也为民法典施行前发生的环境污染纠纷案件准确适用法律提供了参考借鉴。

（二）基本案情

2018年4月始，张某新、童某勇合伙进行电镀作业，含镍废液直接排入厂房内渗坑。后王某平向张某新承租案涉场地部分厂房，亦进行电镀作业，含镍废液也直接排入渗坑。2018年12月左右，两家电镀作坊雇人在厂房内挖了一口渗井后，含镍废液均通过渗井排放。2019年4月，上海市奉贤区环境监测站检测发现渗井内镍浓度超标，严重污染环境。奉城镇人民政府遂委托他人对镍污染河水和案涉场地电镀废液进行应急处置，并开展环境损害的鉴定评估、生态环境修复、环境监理、修复后效果评估等工作。相关刑事判决以污染环境罪分别判处张某新、童某勇及案外人宋某军有期徒刑，王某平在逃。经奉贤区人民政府指定，奉贤区生态环境局启动本案的生态环境损害索赔工作。因与被告磋商无果，奉贤区生态环境局提起生态环境损害赔偿诉讼，请求判令三被告共同承担应急处置费、环境损害鉴定评估费、招标代理费、修复工程费、环境监理费、修复效果评估费等费用共计6712571元。上海市人民检察院第三分院支持起诉。

（三）裁判结果

生效裁判认为，民法典第一千二百三十四条规定，国家规定的机关可以自行或者委托他人进行修复，所需费用由侵权人负担。涉案侵权行为发生在民法典实施之前，根据《最高人民法院关于适用〈中华人民共和国民法典〉时间效力的若干规定》第三条规定的空白溯及原则，本案可以适用民法典第一千二百三十四条。法院判决三被告共赔偿原告奉贤区生态环境局应急处置费、环境损害鉴定评估费、招标代理费、修复工程费、环境监理费、修复效果评估费等费用共计6712571元，其中张某新、童某勇连带赔偿上述金额的50%，王某平赔偿上述金额的50%。

（四）民法典条文指引

第一千二百三十四条　违反国家规定造成生态环境损害，生态环境能够修复的，国家规定的机关或者法律规定的组织有权请求侵权人在合理期限内承担修复责任。侵权人在期限内未修复的，国家规定的机关或者法律规定的组织可以自行或者委托他人进行修复，所需费用由侵权人负担。

图书在版编目（CIP）数据

中华人民共和国民法典侵权责任编　最高人民法院关于适用《中华人民共和国民法典》侵权责任编的解释（一）：含典型案例 / 中国法制出版社编 . -- 北京 ：中国法制出版社，2024. 10

ISBN 978-7-5216-4159-2

Ⅰ. ①中… Ⅱ. ①中… Ⅲ. ①侵权法-汇编-中国②侵权法-法律解释-中国 Ⅳ. ①D923. 7

中国国家版本馆 CIP 数据核字（2024）第 011459 号

中华人民共和国民法典侵权责任编　最高人民法院关于适用《中华人民共和国民法典》侵权责任编的解释(一)：含典型案例

ZHONGHUA RENMIN GONGHEGUO MINFADIAN QINQUAN ZERENBIAN ZUIGAO RENMIN FAYUAN GUANYU SHIYONG《ZHONGHUA RENMIN GONGHEGUO MINFADIAN》QINQUAN ZERENBIAN DE JIESHI（YI）：HAN DIANXING ANLI

经销/新华书店
印刷/保定市中画美凯印刷有限公司
开本/880 毫米×1230 毫米　32 开　　印张/2. 25　字数/35. 9 千
版次/2024 年 10 月第 1 版　　2024 年 10 月第 1 次印刷

中国法制出版社出版
书号 ISBN 978-7-5216-4159-2　　定价：8. 00 元

北京市西城区西便门西里甲 16 号西便门办公区
邮政编码：100053　　传真：010-63141600
网址：http：//www. zgfzs. com　　**编辑部电话：010-63141799**
市场营销部电话：010-63141612　　**印务部电话：010-63141606**

（如有印装质量问题，请与本社印务部联系。）